PROJET DE FONDATION

D'UN

THÉATRE NOUVEAU

Par la Société, instituée à Paris,

POUR

L'AMÉLIORATION DU THÉATRE EN FRANCE

PARIS

A. PARENT, IMPRIMEUR DE LA FACULTÉ DE MÉDECINE

RUE MONSIEUR-LE-PRINCE, 29 ET 31.

—

1874

PROJET DE FONDATION

D'UN

THÉATRE NOUVEAU

Par la Société, instituée à Paris,

POUR

L'AMÉLIORATION DU THÉATRE EN FRANCE

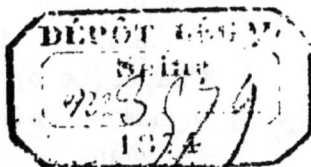

PARIS

A. PARENT, IMPRIMEUR DE LA FACULTÉ DE MÉDECINE
RUE MONSIEUR-LE-PRINCE, 29 ET 31.

—

1874

Société pour l'amélioration du Théâtre en France

COMITÉ D'INITIATIVE :

M. le comte DU CLÉSIEUX, président.

MM. le baron d'Avril, consul général.
le vicomte d'Aboville, député.
le comte de Bonneuil.
Barbaut (Léon).
de Benque, secrétaire du Conseil général de la Banque de France.
le marquis de Béthisy.
le comte de Beaurepaire.
de Chamberet, auditeur à la Cour des Comptes.
A. de Chauvigné.
Chauviteau (Thomas).
le comte d'Erceville, ancien officier de marine.
Godefroid (Frédéric).
Gautier (Léon), professeur à l'Ecole des Chartes.
le marquis de Gouvello, député.
Le Camus.
La Chambre, banquier.
le comte Lafond.
Laverdant.
Monnier, ancien conseiller général.
de Margerie (Eugène).
le vicomte de Ruty.
Romand (Hippolyte), directeur des jeunes aveugles.
le comte de Ségur (Anatole), conseiller d'Etat.
le comte de Vernou-Bonneuil, admin. du Crédit foncier.

Secrétaire du Comité :

Léopold de Bracquemont.

RAPPORT

Présenté à la première séance générale

Le 28 avril 1874,

PAR

M. Léon BARBAUT,

AU NOM DU COMITÉ D'INITIATIVE.

———————•‣‣‣✕‹‹‹•———————

MESDAMES, MESSIEURS,

Le Comité d'initiative m'a chargé d'une mission que je considère comme assez pénible en ce moment, puisqu'elle nous oblige, vous et moi, à nous arracher aux charmes de l'improvisation que nous venons d'entendre. Il faut, coûte que coûte, que nous redescendions des hauteurs où le talent nous avait entraînés, pour venir examiner, loin des sphères idéales, l'œuvre de l'amélioration du théâtre en France, à son point de vue matériel (1).

Le sujet a peu d'attraits, le rapporteur en aura peut-être moins encore......... Qu'importe, confondons, si vous le

(1) M. Léon Barbaut succédait à un orateur éminent, M. P. Féval, qui venait de terminer une causerie sur le *théâtre moral*, aux applaudissements de l'auditoire d'élite qui se pressait dans la salle de la Société d'horticulture, 81, rue de Grenelle-Saint-Germain. (L. de B.)

(La causerie de M. P. Féval se vend chez DENTU, libraire-éditeur, Palais-Royal, 17-19, galerie d'Orléans.)

voulez, nos peines, et en échange de la bonne volonté dont je vais essayer de faire preuve, daignez m'accorder quelques instants de bienveillance.

Le Comité a cherché à entourer l'œuvre qu'il patronne de toutes les garanties de succès. Il pense que rien, autant que possible, ne doit être livré au hasard, et qu'ainsi rien ne doit être tenté sans le concours et l'appui d'un capital respectable.

Il n'y avait donc pas lieu de s'arrêter à l'idée d'une souscription par de simples dons volontaires; cette souscription n'aurait produit que des résultats insuffisants.

De plus, elle se montre aux yeux des plus compétents d'entre nous comme une affaire offrant des gages sérieux et reposant sur des bases qui peuvent donner sécurité aux intérêts matériels. Dès lors l'idée d'une constitution de société sous la forme anonyme a rallié tous les suffrages.

La société anonyme a cet avantage sur la société en commandite qu'elle ne s'inféode pas dans une gérance responsable, et qu'elle ne compromet aucune individualité.

Elle est accessible aux plus modestes fortunes et n'exclut pas les libéralités princières.

Sur l'invitation du promoteur, plusieurs membres du Comité ont élaboré chez Me Bezançon, notaire, à Paris, un projet de statuts ; nous ne le croyons pas immuable, et toute idée qui tendrait à l'améliorer sera accueillie avec plaisir.

Il ne me semble pas utile de vous lire ces statuts entièrement ; je ne vous signalerai que les points principaux :

« La Société a pour objet l'exploitation d'un théâtre sur « lequel pourront être représentées toutes pièces : tragédie, « comédie, drame, féerie, etc..., à l'exception toutefois d'ou- « vrages pouvant porter atteinte à la morale, soit directe- « ment, soit indirectement. »

Elle admet donc tous les genres, hormis cependant le genre ennuyeux !

Le fonds social pourrait être fixée à un million de francs, divisé en 2,000 actions *nominatives* de 500 francs chacune.

C'est avec une intention bien marquée que nous disons *actions nominatives*; nous voudrions qu'elles restassent toujours ainsi, non point pour en entraver la négociation, mais pour maintenir, autant que possible, par le mode de transmission, l'esprit qui nous anime aujourd'hui.

Les versements seront échelonnés de telle sorte qu'ils ne puissent troubler l'équilibre du budget des souscripteurs.

La Société sera administrée par un conseil composé de neuf membres agréés par l'assemblée générale.

Ce conseil choisira à son tour le directeur du théâtre pour la partie littéraire, et le directeur de la scène pour la partie artistique.

Ces fonctions sont d'une grande importance, car elles seront l'expression perpétuelle de l'idée que nous cherchons à faire prévaloir. C'est assez vous dire que le Comité s'est beaucoup préoccupé dès l'origine des choix qu'il pourrait faire.

On nous disait que nous éprouverions une grande difficulté à trouver dans le monde des lettres et des arts les représentants fidèles de notre pensée; il y avait là une profonde erreur. Le nombre de nos adhérents dans ces sphères est déjà considérable, et partout on a affirmé au promoteur que notre œuvre répondait à un pressant besoin.

Je pourrais citer d'éclatantes personnalités, mais vous comprendrez aisément la réserve qui m'est imposée. L'heure n'est point venue de livrer des noms à la publicité, mais tenez pour certain que beaucoup d'hommes de lettres et d'artistes dramatiques appellent notre succès de tous leurs vœux.

Beaucoup d'artistes souffrent dans l'ombre de la légèreté, pour ne pas dire de la crudité de leurs rôles, car l'éducation de leurs premières années est encore vivante dans leurs âmes.

Maîtres chez nous, nous remédierons à ce mal; nous ne serons point jaloux de cette prérogative; loin de craindre la concurrence, nous appellerons de tous nos vœux des imitateurs. Qui sait? Ce ne serait peut-être pas le moindre mérite de notre tentative si, par l'entraînement de l'exemple, ceux que Dieu a doués de l'art de bien dire, trouvaient bientôt à commencer ou à continuer une carrière dans des milieux où la morale écarterait bien des périls.

Il sera constitué un comité de lecture composé de onze membres, chargé d'examiner les œuvres littéraires présentées à la direction. Aucune pièce ne pourra être jouée sans l'autorisation de la majorité de ce conseil qui aura un droit absolu de *veto*.

Des hommes considérables dans la littérature ont déjà donné leur adhésion pleine et entière.

Le conseil d'administration n'aura point de peine à compléter sa liste, et il la fera ratifier par la première assemblée générale.

Les fondateurs me chargent de déclarer qu'ils n'ont aucune ambition personnelle, que ce titre de fondateur n'est autre que celui employé par la loi et qu'ils entendent ne rien réclamer à titre d'apport et d'avantage dans la constitution de la Société.

Si l'assemblée générale juge à propos de spécifier quelques avantages au profit des souscripteurs actionnaires, ces faveurs s'adresseront à tous les adhérents des statuts de la Société indistinctement et n'auront rien de particulier pour les fondateurs.

Le reste des statuts n'a pas besoin d'être mentionné (1).

Nous respecterons religieusement les obligations imposées par la loi du 24 juillet 1867, et notamment en ce qui concerne la constitution régulière de la Société.

Du reste, nous désirons ne réclamer aucune somme avant

(1) Les statuts se trouvent en l'étude de Mᵉ Bezançon, notaire, 10, quai du Louvre.

que les actions aient été toutes souscrites, et, lorsque viendra l'heure des versements, ils auront lieu chez M. Ch. Lachambre, l'un des membres du Comité d'initiative, et membre de la Chambre de commerce de Paris. Sa maison de banque n'a besoin d'aucune recommandation.

En cherchant à réaliser cette belle pensée de notre promoteur,

> La vérité dans l'histoire,
> L'élévation dans l'art,
> Le bon goût dans la littérature,
> L'honnêteté dans le plaisir,

devons-nous craindre d'être délaissés?

Nous croyons, nous, que la foule qui se presse aujourd'hui dans tous les théâtres ne nous fera pas défaut. Nous aurons même une clientèle presque nouvelle, car nous attirerons à nous tous ceux qui s'abstenaient depuis longtemps par répugnance; et, en modérant le prix des places, nous rendrons le plaisir du théâtre accessible à ceux qui s'en éloignaient par économie.

Il y a là pour le capital tous les éléments d'un produit, sinon fructueux, du moins largement rémunérateur.

Enfin, Messieurs, si la haute société tenait à honneur de s'y montrer souvent, il y régnerait bientôt, sous l'influence de l'idée créatrice, un parfum de bon goût et de bonnes manières qui ne tarderait pas à se répandre au dehors. Le bourgeois comme le noble, l'ouvrier comme le commerçant y viendraient chercher place, sûrs que rien ne pourrait blesser les yeux ou choquer les oreilles de leurs femmes et de leurs enfants.

Notre jugement bénéficierait également de cette réforme, car, si le fouet de la satire doit continuer à frapper sans pitié les individualités coupables, nous ne serons plus portés par une calomnie malicieuse à charger des mêmes défauts et des mêmes vices des corporations tout entière.

Ce serait peut-être l'âge d'or! Car lorsque les différentes

classes de la société s'amuseront ensemble, sans que cela soit jamais aux dépens de l'une d'elles, elles perdront insensiblement l'habitude de se haïr.

La réalisation de nos vœux est-elle impossible ? Nous ne le croyons pas, et je vais vous parler de nos espérances.

Nous comptons en dehors de nos efforts personnels sur le concours de nos amis, de vous tous, Messieurs, qui avez répondu à notre invitation.

Surtout, ne dites pas : Je ne pourrai rien, je suis trop peu de chose ; souvenez-vous que les grains de poussière en s'accumulant ont formé des montagnes qui défient les vents et la tempête.

Causez-en dans vos salons, parlez-en dans vos cercles. Ne vous laissez pas arrêter par un excès de timidité ou de modestie. Osez ! votre cœur saura trouver des accents inconnus qui vaudront des flots d'éloquence.

Nous croyons pouvoir compter sur la presse tout entière.

La langue, on l'a dit il y a bien longtemps, est un instrument qui accomplit indistinctement et le bien et le mal ; la presse a les mêmes qualités et les mêmes défauts avec une puissance bien plus grande encore.

Je n'ai pas l'autorité nécessaire pour rechercher dans le passé de quel côté a pu pencher la balance. Il nous suffit de savoir qu'à certaines heures, la presse a eu de funestes effets.

Serait-ce trop demander, même à ses représentants les plus dignes, au nom de la société en péril, une légère réparation ?

Nous l'avons affirmé et nous l'affirmons encore, nous n'avons aucun drapeau politique, rien ne doit nous diviser, car nous ne voulons tous que triompher du génie du mal ; et, dans cet ordre d'idée, nous sommes convaincus, que tous ceux qui ont l'honneur de tenir une plume se feront gloire de se ranger avec nous sous la bannière de la Morale, pour entreprendre, comme nous, avec énergie et désintéressement, la croisade que nous prêchons aujourd'hui.

Nous comptons beaucoup sur vous, Mesdames ; vous avez reçu, à un bien plus haut degré que nous, le don de persuation : ceci est dans les desseins de la Providence ; et lorsque vous donnez un conseil, avec l'ardent désir de le voir mettre en pratique, vous avez je ne sais quelle grâce dans votre geste, et je ne sais quel charme dans votre voix qui font, pour celui qui vous écoute, que ce conseil revêt toutes les apparences d'un ordre.

Et puis, permettez-moi de vous le dire, cette œuvre est réellement la vôtre.

Vous avez des frères, vous avez des fils qui sont entrés récemment ou qui entreront bientôt dans le monde. Refuserez-vous de nous aider à transformer le théâtre de telle sorte que la jeunesse puisse y venir, sans danger, se reposer et se distraire, tout en goûtant les jouissances de l'esprit et les satisfactions du cœur ?

Nous croyons fermement que le but vers lequel nous tendons fait partie du programme de la résurrection de notre pauvre France.

Si ce mot de résurrection nous donne l'espérance de voir un jour cette grande victime revêtue d'un nouveau manteau de gloire, il évoque encore dans nos esprits de douloureux souvenirs.

Soyons assez humbles pour ne point penser que nos désastres ne sont dus qu'à l'infériorité du nombre.

Les hommes d'épée partagent notre manière de voir, car avec un zèle infatigable et bien digne d'éloges ils ne se contentent pas d'élargir les cadres, de multiplier les camps où le corps s'assouplit et se rompt à la fatigue, ils augmentent bien davantage les écoles d'instruction, car ils veulent que le Français ne soit pas seulement un homme de cœur, ce qui ne lui a jamais été contesté, mais qu'il devienne un modèle de science et d'intelligence.

Nous pensons donc qu'il est du devoir des gens du monde de coopérer à cette grande œuvre de réparation nationale, en cherchant à réveiller les âmes en les fortifiant, par la critique des vices, l'exaltation des vertus et les mâles leçons que donnent les grandes traditions de l'histoire.

Voilà notre but tout entier.

Je vous ai dit tout à l'heure que nous n'avions aucune ambition personnelle, je ne vous ai pas dit la vérité.

Nous avons tous une ambition qui n'est pas vulgaire ; ce serait, si le succès couronnait nos efforts, de pouvoir nous rendre un jour ce témoignage à nous-mêmes, que nous avons fait quelque chose pour la régénération de la patrie.

LE THÉÂTRE NOUVEAU

DEVANT

L'OPINION PUBLIQUE ET LA PRESSE.

Le projet de fondation d'un théâtre nouveau, dont M. Paul Féval a bien voulu indiquer le principe dans sa conférence du 28 avril, a été tout aussitôt commenté dans plusieurs journaux. Malheureusement ceux qui tiennent avant tout à parler, les premiers, quand une idée commence à peine à se traduire en fait, ont mis trop de hâte à trancher la question avant de la connaître sous son véritable aspect. Aussi leurs objections, trop aisément triomphantes, portent-elles sur des intentions supposées, mal rapportées et gratuitement interprétées.

Or, la base de toute critique et de toute discussion doit être la connaissance exacte et complète des intentions à juger, du projet à encourager ou à combattre.

La loyauté des écrivains auxquels nous faisons allusion n'est certes point mise en doute. D'ailleurs, le malentendu ne saurait leur être entièrement imputé. Si, de leur côté, il y a eu trop de précipitation à critiquer un projet qu'ils connaissaient mal, il faut avouer que, de la part des promoteurs du Théâtre Nouveau, la définition pratique de leur idée n'avait pas été tout d'abord assez nettement précisée.

Nous reproduisons plus loin les principaux passages des feuilletons dramatiques où les jugements sur le projet de fondation du Théâtre Nouveau ont la portée d'une critique méditée ou d'un encouragement donné en connaissance de cause.

Mais, auparavant, pour aider nos contradicteurs de bonne foi à se prononcer sur plus ample informé, nous voulons relever les objections qui ont grossi et entretenu dans le public un malentendu nuisible au développement d'une entreprise très-sérieuse, très-honnête, très-morale, et néanmoins tout à fait réalisable.

Le journal parisien par excellence, le *Figaro*, un journal de qui l'on a dit qu'il peut faire beaucoup de bien ou beaucoup de mal, a publié deux chroniques sur le Théâtre Nouveau. La première était une simple boutade où l'ironie s'exerçait sur un projet supposé ne ressemblant en rien à l'entreprise en question. Mais si le nombreux public de ce journal a pris une opinion du projet réel, encore mal connu, d'après ce ton de persifflage, la plaisanterie n'était rien moins qu'inoffensive malgré les intentions, assez innocentes certainement, du chroniqueur fantaisiste.— Le second article était grave et raisonné; mais, à son insu, le raisonnement avait tort.

Cet autre article disait :

De l'affaire en elle-même, je ne veux rien dire. Pas de spéculation ; une œuvre de charité littéraire, dans le genre des filles repenties ou des petites sœurs des pauvres. Rien de plus respectable.

Merci du compliment. Mais le Théâtre Nouveau ne sera point un lieu de pénitence. On y trouvera une agréable distraction, un amusement permis à tous ; le comique n'en sera point exclu ; on le recherchera même et on espère le trouver. Tout cela est dans le programme.

L'article du *Figaro* se résume ainsi :

Les promoteurs du théâtre moral demandent à la scène non pas seulement ce qu'elle peut donner, mais quelque chose de plus et à quoi elle est impuissante. Pour qu'un théâtre absolument épuré eût la chance de réussir universellement, il faudrait lui préparer un public qui eût le goût exclusif des choses pures, et l'aversion des autres.

A l'éducation seule est réservé ce travail préparatoire, et si, comme je le crois fermement, la morale religieuse pose le seul fondement d'une éducation effective, propre à garantir l'homme contre l'entraînement des passions qui se développent et s'agitent au théâtre, il y aura toujours pour le sujet ainsi disposé quelque chose de bien supérieur et de bien préférable à la fréquentation du théâtre, même du futur Théâtre moral : ce sera le travail, la vie de famille et la prière.

Nous répondons :

Les promoteurs du Théâtre Nouveau ne demandent à la scène que ce qu'elle peut donner ; mais tous les auteurs ne se croient pas obligés de flatter les instincts vicieux pour avoir un public et du succès. « La morale religieuse, le travail, la vie de famille et la prière » sont évidemment préférables au théâtre, mais on peut remplir tous ces devoirs-là et souhaiter pour soi et pour les siens, quand la journée est finie, la diversion d'un spectacle où prennent intérêt et plaisir les plus honnêtes gens du monde. Que dirait le *Figaro*

lui-même, si quelqu'un venait reprocher aux lecteurs
de sa seconde et troisième pages de ne pas se borner
à l'austère chronique des premières colonnes?

Dans le même ordre d'idées, le *Siècle*, se rencontrant
avec le *Figaro*, voudrait aussi qu'on procédât par la
moralisation préalable de la société.

Un théâtre moral, dit le *Siècle*, ne s'improvise pas, ne se
commande pas ; il ne peut se faire que par la collaboration
des auteurs et du public. L'écrivain va droit où le public le
mène, et si la société française, à l'heure où nous sommes,
a le théâtre que vous savez, c'est qu'elle aime mieux celui-là
qu'un autre.

Comment savoir si, dans le public, il n'y aurait pas
des gens en assez grand nombre déjà qui préféreraient
« un autre théâtre? » Attendez au moins qu'il existe,
cet autre théâtre, pour en décider. Nous connaissons,
nous, quantité de personnes qui se privent d'aller au
théâtre, parce qu'elles ne sont pas rassurées sur ce
qui leur serait donné en spectacle comme ensemble et
comme détails.

Et elles n'ont pas tort si nous en croyons un autre
chroniqueur, M. Aurélien Scholl de l'*Evénement*, qui
nous affirme ceci :

La comédie de mœurs s'exile de plus en plus de nos théâtres. Les auteurs tragiques en sont réduits à emprunter leurs
sujets à la cour d'assises, et les comiques vont observer les
mœurs à Bougival ou à Valentino.
. . . .
Le peuple a été dépravé par de funestes exemples et par
d'abominables doctrines, on ne lui présente que ce que l'humanité a de plus abject, et le langage de plus bas.

Ce sont les bons mots des voleurs et les musiques de Cha-
renton qui doivent former son esprit et son goût.

Cependant, M. Aurélien Scholl ne paraissait pas disposé à encourager le projet d'un Théâtre Nouveau, car il avait dit d'abord :

Je crains bien que mon célèbre confrère et ami Paul Féval n'en soit pour ses frais d'éloquence. Outre que le théâtre moral ne sera pas essayé, il faut bien avouer qu'il ne servirait de rien.

Pardon, il servira à donner un plaisir permis à quiconque ne veut pas se livrer et livrer les siens à cette dépravation que vous dénoncez avec tant d'énergie et d'à-propos.

Un homme d'expérience, un écrivain honnête, éclairé, qui connaît le théâtre, ayant été directeur du second Théâtre-Français, M. Charles de La Rounat, donne aussi son avis dans sa Causerie Dramatique du *XIX° Siècle*. Nous regrettons vivement qu'il ait envisagé la question, de prime abord, à un point de vue qui s'écarte trop sensiblement du projet tel qu'il est dans sa simple réalité. M. de La Rounat voit les choses de loin et de haut ; nous lui demanderons de ramener notre idée à ses justes proportions.

Ecoutons cependant :

L'art, nous dit-il, n'a besoin ni d'être réformé, ni d'être morigéné : il suit sa marche naturelle et se meut dans notre humanité selon les pressions variables des milieux qu'il traverse. Les œuvres qui se produisent aujourd'hui se comportent comme cela a eu lieu dans tous les temps : elles portent l'empreinte de l'action des mœurs ou d'une réaction contre elles ; elles plaisent ou répugnent, attirent ou repoussent et donnent matière à des discussions qui contribuent à tenir le goût littéraire en éveil et à raviver sous des formes nouvelles nos vieilles questions morales, rajeunies, transformées, relevées de saveurs plus pénétrantes, présentées sous des aspects plus brillants, dans des formes originales, spirituelles, hardies.

Il ne s'agit point de « morigéner l'art, » ni de le « réformer » d'une manière générale. On ne veut que le possible. — Pareille confusion a été faite dans d'autres journaux encore. Pour abréger, nous répondrons à tous à la fois par cette explication :

Les divers articles dont nous parlons ont confondu, dans le projet du Théâtre Nouveau, le but immédiat, c'est-à-dire le projet lui-même, avec l'influence plus ou moins lointaine, plus ou moins étendue, qui pourra résulter un jour de la réalisation actuelle de l'entreprise.

Il est question purement et simplement aujourd'hui de créer un Théâtre Nouveau pour un public que l'on croit suffisamment nombreux, lequel prétend aller au théâtre comme tout le monde, et s'y distraire et s'y amuser, mais sans être exposé à voir ou à entendre des choses répugnantes ou pernicieuses, ou indécentes, ou trop libres, ou trop grossières, ou trop immorales, impossibles, enfin, quand on a avec soi sa mère, sa femme ou sa fille.

M. de La Rounat nous le dit lui-même qu'il y a un public tout trouvé pour le Théâtre Nouveau, et ce n'est point par complaisance qu'il le dit. C'est un fait qu'il constate en jetant un coup d'œil d'ensemble sur la situation actuelle du théâtre, et il le dit dans les termes suivants, très-clairs et très-vigoureusement sentis :

Les entrepreneurs de spectacles qui spéculent sur la gaillardise et sur l'obscénité sont bien bêtes, puisqu'ils se privent d'une portion considérable du public.

Cette « portion considérable du public » sera la première clientèle du Théâtre Nouveau. Il n'ambitionne pas autre chose. Cela suffira, certainement, à sa prospérité qui serait un exemple, un encouragement aux autres théâtres, et par suite un commencement de moralisation. Cette ambition n'a rien d'exorbitant, on le voit ; elle a su mesurer ses efforts aux choses possibles, réalisables et pratiques. Espérons qu'elle trouvera grâce auprès de ceux qui, l'ayant discutée trop vite et trop..... grièvement, lui doivent en appel un retour de justice.

LE COMITÉ D'INITIATIVE :

Le Président :
Achille DU CLÉSIEUX.

Le Secrétaire :
Léopold DE BRACQUEMONT.

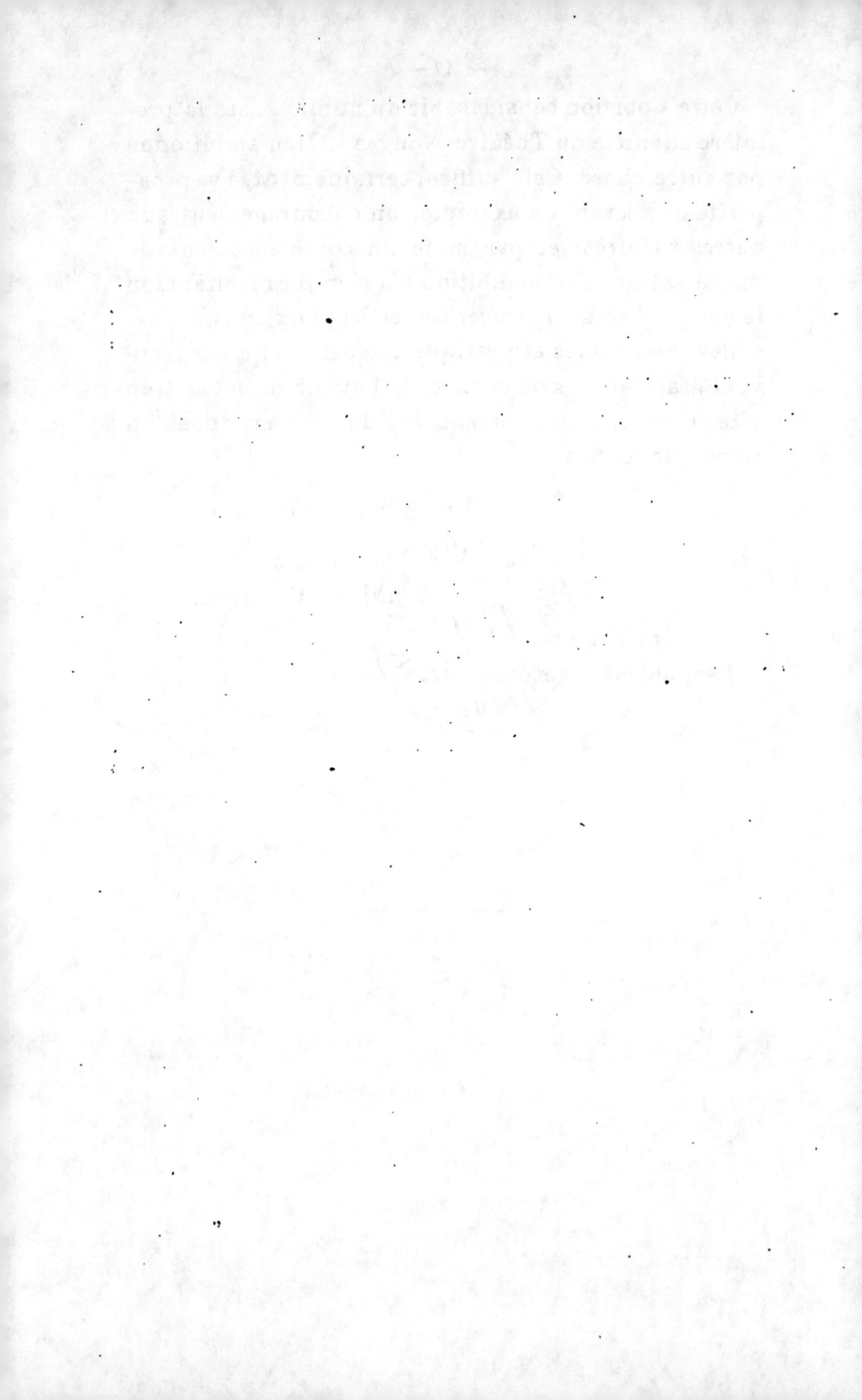

EXTRAITS DES FEUILLETONS DRAMATIQUES

SUR LE

THÉATRE NOUVEAU

De cette semaine stérile en productions dramatiques datera cependant un acte de généreuse et féconde initiative, qui peut contribuer puissamment à la régénération du théâtre en France. Une société d'hommes éminents par leur caractère et leur grande situation dans le monde parisien s'est réunie dans le but de créer un théâtre où seraient représentées des œuvres inspirées par des idées justes, par de nobles sentiments, et capable de lutter pour la défense du bien et du beau.

Ainsi s'exprime le comité d'initiative dans sa convocation à une première séance de la Société pour la moralisation du théâtre en France.

Une pensée analogue occupait Balzac autrefois, lorsqu'il recommandait, comme une grande idée, la fondation d'un grand Opéra populaire.

Il y a vingt-cinq ans, un projet semblable dans sa conception première à celui de la nouvelle Société avait été soutenu par Emile Souvestre et Victor Hugo, qui demandaient qu'à côté des théâtres nationaux, destinés aux classes les plus éclairées, des théâtres municipaux, subventionnés par la Ville de Paris, fussent élevées pour les classes populaires.

Il s'agit de diriger l'influence puissante de la représentation d'une action dramatique dans un sens moralisateur sur
la masse du public. Telle est l'idée fondamentale de la création d'un théâtre honnête, dans le sens populaire du mot, d'un
théâtre d'où le *mal* sera exclu sous toutes les formes scéni-
ques. — Et ce ne sera vraiment pas trop pour le public parisien d'un théâtre comme cela.

Le *genre* du nouveau théâtre importe peu. Qu'il ait tous les
genres, si l'on peut et si l'on veut, pourvu qu'il ferme la porte
à toute malsaine influence. Le bien se trouve dans le comique et la gaieté tout autant que dans telle forme imposante et
solennelle de la haute poésie. On pourrait découvrir le mal
— non sans doute comme intention, mais comme effet sur la
multitude — dans plus d'une tragédie de Racine peut-être;
mais on le chercherait en vain dans les comédies et les farces
les plus libres de Molière, où le sens du bien et de l'honnête
éclate avec autant de franchise et de vérité que dans le théâtre de Corneille la sublime vertu et les grands sentiments.

C'est M. Paul Féval qui, mardi prochain, dans la séance
d'inauguration de la Société pour la moralisation du théâtre
en France, soutiendra de l'autorité de sa parole la cause du
bien et la fera triompher. Pour l'avenir du théâtre, pour le
public et pour les auteurs dramatiques de bonne volonté,
nous devons par avance l'en remercier vivement.

L. P. LAFORÊT (La Liberté, 27 avril 1874).

———

M. Paul Féval vient de justifier sa récente candidature à
l'Académie française. Le romancier fécond, mais plus goûté
qu'admiré, qui avait conquis depuis de longues années déjà
la faveur du public, vient de rencontrer tout d'un coup cette
forme supérieure et cet ordre d'idées heureux et saisissant

qui conquièrent les suffrages unanimes et font monter d'un degré les réputations que l'on croyait assises.

Le discours qu'il a prononcé en faveur du « thâtre moral » est l'appréciation la plus fine et la plus juste, à notre avis, des talents divers qui, de nos jours, illustrent le théâtre ; c'est aussi la satire la plus amusante et la plus discrète cependant de cette maladie honteuse et déshonorante qui s'est abattue sur la plupart de nos scènes, et qui s'appelle farce dans un théâtre, opérette dans l'autre, ici parodie, là — c'est M. Féval qui parle, — *auguste gambade.*

Quant à l'œuvre elle-même, prônée par l'éloquent et habile orateur, elle a toutes les sympathies ; elle aurait tous les suffrages et, nous n'en doutons pas, tous les concours, car elle est l'indice hautement et justement manifesté d'un revirement de l'esprit public qui satisfera tous les amants véritables de l'art, — mais il est malheureusement assez difficile de démêler exactement la pensée de ses inspirateurs ; ils n'ont pas pris soin de la dégager nettement tout d'abord, et le théâtre moral qu'ils veulent fonder s'annonce bien plutôt comme une ligue du public contre les œuvres malsaines que comme une association en vue d'encourager et de produire les saines tentatives. Peut-être eût-il fallu présenter autrement une entreprise dont le point de départ et l'objet sont clairs et saisissables, tandis que les moyens à employer restent dans le vague et semblent assez mal définis.

Les tendances manifestées dans ces derniers temps par le public de toutes les classes ne laissent pas le moindre doute, en effet, sur son goût actuel ou, pour mieux dire, sur le dégoût qu'il a conçu pour tout ce qui l'avait égaré ; mais constater ces tendances et répéter qu'il est nécessaire d'y donner satifaction ; parler, comme le fait la lettre d'avis du comité organisateur, de la nécessité de « favoriser un théâtre qui mette en lumière tout ce que notre société conserve encore d'idées justes et de nobles sentiments ; » offrir ainsi, de loin, aux familles « des plaisirs attrayants et qui ne démoralisent

pas, » tout cela ne suffit point à fixer l'esprit sur quelque
chose de net et de pratique, qui donne une sanction rapide,
efficace et attendue, à l'exclusion des mauvaises œuvres.

X... (La France, 4 mai 1874).

Une Société vient de se former à Paris pour l'amélioration
du théâtre en France, c'est-à-dire pour moraliser le théâtre.
Cette Société a tenu sa première séance, le 28 avril dernier,
dans la salle d'horticulture de la rue de Grenelle, et, à cette
occasion, M. Paul Féval a fait une conférence, *Great attrac-
tion*, comme on dit en Angleterre. L'auditoire était nombreux, et M. Paul Féval, qui parle si bien, avec tant de verve
et de grâce, n'avait jamais mieux parlé. Naturellement, il a
traité la question du théâtre moral qui était à l'ordre du
jour. Il va sans dire que nous nous associons pleinement
aux sentiments exprimés par le brillant conférencier ; cependant il y a une question qui se pose tout d'abord, et sur
laquelle il faut commencer par se mettre d'accord, ce qui
n'est peut-être pas très-aisé. Qu'entend-on par ce mot de
théâtre moral? M. P. Féval, qui est un auteur dramatique et
un romancier, a parfaitement senti combien il était difficile
de préciser. Il nous dit bien que la moralité au théâtre con-
siste à élever les âmes, à faire naître des idées nobles et généreuses. Soit ; mais cette définition ne peut s'appliquer
qu'au drame et à la tragédie. La comédie, cependant, qui
voit les choses par le côté plaisant, comment s'y prendra-
t-elle pour inspirer des idées nobles et généreuses? *Le malade
imaginaire* n'élève pas les âmes, non plus que *le Bourgeois
gentilhomme* ou *George Dandin*. On ne dira pas pourtant que
ce soient là des pièces immorales.

. . . .

Autant qu'on peut en juger par la conférence de M. Paul
Féval, la Société d'amélioration se propose de prêcher d'exem-

ple en fondant un théâtre où les familles pourront aller chercher un délassement sans danger, où la mère pourra sans
crainte conduire sa fille. Ce qu'elle demande, ce n'est « ni
un théâtre-église où l'on prêche, ni un théâtre-école où l'on
disserte, mais bien un lieu de plaisir honnête, un *refuge*. »

CLÉMENT CARAGUEL (*Journal des Débats*, 4 mai 1874).

———

Enfin ! — l'affaire est lancée, il faut souhaiter qu'elle réus-
sisse. — Les théâtres... *immoraux* (pour les distinguer de
celui que nous prépare l'avenir) ne feront pas mal quelque-
fois de revenir aux comédies honnêtes ; l'ancien Gymnase n'a
vécu longtemps que sur sa réputation de respecter les con-
venances... Imaginez aujourd'hui un Gymnase nouveau où
le père sans danger conduirait son fils ou sa fille ; ce serait
dans ces limites-là qu'il faudrait se tenir... Contentez-vous,
pour commencer, d'une moyenne acceptée par le public, de
drames comme *Jeanne d'Arc*, de comédies comme les *Inutiles*.
La conduite de l'entreprise demande, en effet, beaucoup de
prudence ; il s'agit de ne pas éloigner les gens par des allures
de Têtes-Rondes, et de ne pas être tué par les caricatures...
qui ne manqueront pas ; elles commencent déjà.

DANIEL BERNARD (*L'Union*, 4 mai 1874).

———

On a parlé de la création à Paris d'un théâtre modèle qui
serait consacré exclusivement aux tentatives élevées et aux
pièces morales, en un mot, créé pour aider à la régénération
de la littérature dramatique incontestablement tombée. Ce
que je crois pouvoir affirmer c'est qu'une entreprise conçue
dans cet esprit manque essentiellement, et que la réalisation
doit en être vivement appelée par les vœux de tous les bons
esprits.

. . . .

S'il existait une scène que les familles pussent adopter en toute sécurité, ce serait là, à coup sûr, une spécialité très-honorable et vraisemblablement en même temps lucrative. Le grand succès de *Jeanne Darc*, celui de la *Jeunesse de Louis XIV*, dans d'autres sphères, la vogue prolongée des *Deux Orphelines*, ont tenu, à n'en pouvoir douter, à ce que tout le monde, sans exception, pouvait aller à ces pièces.

Quant à l'autre but que se proposerait, dit-on, l'exploitation nouvelle, qui serait de rechercher les œuvres qui pourraient, par le soin donné à la forme, la marque de fabrique exclusive, des talents hors ligne, tendre à faire remonter le niveau de l'art dramatique, il est bien plus urgent à atteindre, car nulle part on ne se le propose, et au Théâtre-Français moins que partout ailleurs.

. . . .

Ce qu'on ne fait pas du tout rue Richelieu, ce qu'on ne fait pas toujours à l'Odéon, il est urgent qu'une scène nouvelle le tente réellement, et voilà pourquoi j'appelle de tous mes vœux la fondation d'un théâtre qui demanderait enfin sa popularité à l'art et sa fortune à la moralité.

PAUL FOUCHER (*L'Opinion nationale*, 5 mai 1874).

—————

Mardi dernier, Paul Féval a fait la conférence que nous avions annoncée sur la fondation d'un *théâtre moral*, c'est-à-dire d'un théâtre où l'on ne jouerait que des œuvres pouvant être entendues par les oreilles les plus sensibles et les plus chastes.

Hier, le Gymnase reprenait l'*Ami des Femmes*, une comédie qui, de l'aveu de l'auteur lui-même, M. Alexandre Dumas fils, n'eut pas de succès parce qu'elle était considérée comme *immorale, indécente, dégoûtante*.

Et le piquant du rapprochement n'est pas seulement dans cette coïncidence; il est aussi dans ce fait que Féval, poussé naturellement par sa noble passion pour le talent, par sa vive amitié pour Dumas, indiquait le père de l'*Ami des Femmes* comme un de ceux auxquels on devrait s'adresser pour donner le modèle des œuvres jouables dans le nouveau théâtre.

Or, justement dans la préface de l'*Ami des Femmes*, M. Alexandre Dumas, tout moraliste qu'il prétend être, et tout académicien qu'il est, déclare « qu'il n'y a pas de pièces immorales, pas de pièces indécentes, pas de pièces dégoûtantes ; qu'il n'y a que des pièces mal faites. »

En entendant les avances gracieuses de Féval à son confrère, je souriais, car la phrase précitée me revenait à l'esprit, ainsi que la suivante :

« Le théâtre étant la peinture ou la satire des passions et des mœurs, il ne peut jamais qu'être *immoral*, les passions et les mœurs moyennes étant toujours immorales elles-mêmes. »

Et ne vous avisez pas de répliquer à Dumas qu'il méconnaît les devoirs du théâtre ; il vous renverrait à son autre préface, celle du *Fils Naturel*, où il les a affirmés en ces termes énergiques :

« Une *certaine Eglise* nous attaque, donc elle nous craint ; elle a tort ; car nous marchons forcément vers le même but, puisque nous partons du même principe : la représentation de l'*idée* par l'homme. Sous peine de mort ou d'avilissement, nous ne pouvons plus procéder comme elle que par la propagation de la plus haute morale (je parle, bien entendu, de ceux qui se respectent dans ceux qui les écoutent).

« Nous sommes donc perdus, et je le répète, et je l'affirme, ce grand art de la scène va s'effiloquer en oripeaux, haillons et fanfreluches ; il va devenir la propriété des saltimbanques et le plaisir grossier de la populace, si nous ne nous hâtons de le mettre au service des grandes réformes sociales et des grandes espérances de l'âme.

« Un art qui, pour nous en tenir à la France, a produit *Polyeucte, Athalie, Tartuffe* et le *Mariage de Figaro*, est un art civilisateur au premier chef, dont la portée est incalculable quand il a pour base la vérité, pour but la morale, pour auditoire le monde entier.»

Conciliez donc ces faits qui semblent se contredire :

Un écrivain proclamant que le théâtre doit avoir pour but la *morale* et produisant des œuvres *immorales* ; un théâtre moral sollicitant des pièces d'un auteur de scandales.

La conciliation est plus facile qu'on ne le supposerait.

L'antinomie apparente, et non réelle, vient de ce que le mot *moral* est fort improprement accolé au mot *théâtre*.

Je ne me rappelle pas si je l'ai déjà écrit dans ce feuilleton ; mais j'ai eu l'occasion de le dire ailleurs, notamment aux matinées Ballande : on confond ces deux expressions, qui n'indiquent pas une idée identique : *moral* et *moralisateur*.

Le théâtre est et doit être *moralisateur* ; il est rarement *moral* dans le sens qu'on attribue généralement à cet adjectif.

. . . .

Molière a posé la question avec sa merveilleuse clarté et son incomparable génie de bon sens :

« J'avoue, s'ecrit-t-il dans la préface de *Tartuffe*, qu'il y a des lieux qu'il vaut mieux fréquenter que le théâtre ; et si l'on veut blâmer toutes les choses qui ne regardent pas directement Dieu et notre salut, il est certain que la comédie en doit être ; et je ne trouve point mauvais qu'elle soit condamnée avec le reste ; mais supposé, comme il est vrai, que les exercices de la piété souffrent des intervalles, et que les hommes aient besoin de divertissement, je soutiens qu'on ne leur en peut trouver un qui soit plus innocent que la comédie.»

Voilà la vérité : et la conséquence, c'est qu'il faut que le *divertissement* s'adresse au moins à ce qu'il y a de plus noble chez nous, à l'esprit, et non à ce qu'il y a de plus vil, aux sens.

Oh! sur ce terrain, on trouvera réunis, d'accord, tous

ceux qui ont le souci de l'art, de la dignité humaine, et chacun applaudira aux paroles à la fois spirituelles et éloquentes de Féval, qui a blâmé avec sa fine raillerie les *gambades* trop légères des exploitations dramatiques les plus *augustes*.

. . . .

Que les fondateurs du *théâtre moral* et de la *Société pour l'amélioration du théâtre en France* me permettent de leur indiquer humblement leur erreur, *toute de forme*, le *fond* de leur idée étant digne d'approbation.

Cette erreur est dans les titres de leur programme.

Ils ont agi excellemment en priant le maître causeur Féval d'expliquer leurs intentions ; mais ils ne devaient pas placarder de titres sur le bulletin de souscription.

. . . .

Contentez-vous donc de réaliser vos promesses, qui se résument ainsi :

« Nous allons fonder un théâtre où la mère pourra sans danger conduire ses enfants. »

. . . .

En effet, ils méritent encouragement et éloges ces pères de famille, ces gens religieux — d'une religion indépendante et point trop implacable — qui songent à doter la capitale d'un lieu de plaisir doux et calme, où pièces, acteurs, actrices, pourront être vus sans que le rouge monte au visage de leurs filles, et le trouble au cerveau de leurs garçons : les journaux leur doivent la publicité, et nos meilleurs écrivains leur talent.

Toutefois il faut que l'institution soit humble et qu'elle reste dans les limites que lui assigne sa pensée fondamentale.

Cette pensée, Féval l'a excellemment concentrée dans ces quelques mots :

« Notre but bien simple et bien net est d'avoir un coin où se refugier... je répète le mot RÉFUGIER, le délassement de la famille, — avec fruit s'il se peut, mais nous n'en répondons pas, — sans danger, oh! cela, nous le voulons et il le faut. »

Ainsi, le théâtre nouveau sera, à coup sûr, la distraction aimable des familles, ce qui est beaucoup : il ne sera pas le levier de la réforme de l'art dramatique.

Ce levier est ailleurs, il est dans la régénération du goût des masses par l'éducation.

HENRI DE LAPOMMERAYE (*Le Bien public*, 4 mai 1874).

———

Et puique nous parlons de la conférence de M. Paul Féval, disons quelques mots du but qu'elle se proposait : « Quelques hommes, déplorant les tendances de l'art dramatique actuel au point de vue des mœurs, ont conçu le projet de fonder un théâtre qui mette en lumière tout ce que notre société conserve encore d'idées justes et de nobles sentiments. » Des noms recommandables, des personnalités éminentes patronnent cette entreprise très-louable et très-belle en principe.

. . . .

Ainsi que l'a très-bien dit M. Paul Féval, avant tout il faut avoir du succès. La question des pièces à jouer est aussi ardue. Avec quel soin, quelle habileté devra être composé le comité chargé d'examiner les œuvres qui lui seront adressées ! Car enfin, l'immoralité évitée, il ne faudra pas pour cela admettre des pièces de distribution de prix, des saynètes de Berquin. Le conférencier, dans une péroraison très-éloquente, a comparé le théâtre moral à ces fontaines populaires, « ces oasis de bronze, » que la générosité de sir Richard Wallace a disséminées dans le désert encombré de Paris pour la fièvre des foules. M. Féval veut qu'on fonde le théâtre Wallace, où le plaisir ressemblera à ce filet d'eau fraîche, toujours pure, et renouvelée, et sur le fronton duquel on lira : « Ici l'esprit et le cœur peuvent se désaltérer sans danger. » Mais encore ne faudrait-il pas que le théâtre Wallace ne nous donnât que de l'eau claire. Le public n'a pas seulement à se désaltérer. Il a des goûts à satisfaire, à développer... Non, le vrai théâtre à fonder, ce n'est pas le théâtre moral, c'est le théâtre artistique. Plus il sera artistique, plus il sera moral dans le grand sens du mot, c'est-à-dire élevé, avec des tendances à toujours monter, au lieu de s'obstiner à descendre jusqu'à la boue. Malgré ces observations, il va sans dire que, loin d'être opposé à cette généreuse idée, qui peut devenir une grande idée, nous sommes prêt à la soutenir de tous nos modestes efforts.

. . . .

Quoi qu'il arrive du théâtre moral, il aura toujours eu une magnifique *première;* c'est la conférence de M. Paul Féval. Nous admirions en M. Paul Féval une des imaginations les plus riches, les plus fécondes de ce temps; nous savions que l'auteur du *Drame de la Jeunesse,* d'*Annette Laïs,* d'*Aimée,* de *Bouche-de-Fer,* était un grand romancier, mais nous ignorions qu'il fût un orateur de premier ordre. Jamais nous n'avons rien entendu de plus émouvant que son discours de l'autre jour. M. Féval a une façon à lui de mêler à ses mouvements d'éloquence une ironie particulière qui les contient, les mesure, les pondère. Quelque chose de narquois, de vigoureusement bon, et surtout de très-poétique. Quelle belle et touchante légende que cette nouvelle d'*Orphée aux Enfers,* dont l'idée lui est venue un soir à la Gaîté, en voyant la triste parodie qui s'y joue. M. Féval se figure un mari, grand poëte, essayant de reprendre sa femme à l'enfer parisien où elle est tombée. Le nouvel Orphée apaise les monstres parce qu'il est porteur de lyre, il les touche parce qu'il aime, et reprend sa chère Eurydice, à laquelle il fait remonter toutes les marches descendues, jusqu'à ce qu'elle soit revenue à la lumière, rendue au monde qui la reçoit des mains de son mari.

Ce beau sujet de drame, où la légende antique, assimilée à la vie moderne, ne perdrait rien de sa grandeur, M. Paul Féval l'abandonne d'avance à l'homme de talent qui voudra le traiter pour le théâtre moral. Pourquoi M. Féval ne l'a-t-il pas traité lui-même ? Personne ne saura traduire son idée avec la poésie vraie de grandeur honnête qu'il a mise à l'exprimer.

ALPHONSE DAUDET (Journal officiel, 4 mai 1874).

—————

Voici une curieuse fondation qui se tente aujourd'hui : c'est celle d'un *Théâtre-Moral*. Tel est, du moins, le nom adopté par les patrons de l'entreprise ; mais, d'après les explications données, dans une très-intéressante séance, par M. Paul Féval, qui s'est fait leur porte-voix, il me semble que cette désignation n'est pas parfaitement exacte.

. . . .

Qu'a-t-il dit ? Rien, d'abord, que nous ne sachions. L'envahissement des thèmes audacieux, des situations scabreuses, devient, au théâtre, une plaie dont on ne cesse de se plaindre. Si le niveau moral de l'art s'en ressent, la fécondité littéraire n'en est pas moins atteinte. N'est-ce pas un véritable appauvrissement de notre esprit d'invention que cette persistance du drame moderne à se traîner dans le cercle étroit de l'adultère ? Nous radotons ; nous tombons en enfance. Et ceci n'est qu'un des aspects de la question. Je reviens à celui qui a surtout préoccupé les fondateurs du *Théâtre-Moral*. Les esprits délicats n'ont plus, a dit M. Féval, un seul théâtre où ils puissent entrer en pleine sécurité. On ne pourra bientôt plus conduire ni une jeune fille, ni même une femme au théâtre.

Je connais des gens qui n'y verraient pas d'inconvénients. Mais ceux-là ont la vue bien courte : le jour où le théâtre sera devenu un lieu réservé aux hommes, une sorte d'annexe du cercle et du café, la société française aura définitivement cessé d'exister. Nous ne sommes pas à Athènes, et la place d'Aristophane est dans nos bibliothèques. Paris n'a, dans son état social, rien de commun avec cette ville qui comptait 20,000 citoyens libres et 100,000 esclaves ; et l'exclusion des femmes de tous les lieux publics nous ramènerait à cet état de choses étrange où Socrate ne trouvait d'autres intérieurs féminins à fréquenter que celui d'Aspasie. Nous n'avons déjà fait que trop de pas dans cette voie. Si nous franchissons cette dernière limite, rien ne nous arrêtera plus. Le passé doit, d'ailleurs, nous servir d'enseignement. Toutes les grandes œuvres littéraires en France, sans en excepter les drames farouches de Victor Hugo, se sont faites sous l'inspiration d'un public où les femmes comptent et où elles prennent, à titre de spectatrices, une véritable part dans la collaboration.

Voilà ce qui a préoccupé certaines personnes. Elles ont songé à fonder un théâtre où les pères de famille pourraient, sans même consulter l'affiche, entrer en pleine sécurité, certains de ne pas être choqués. On ne demandera pas à cette scène de moraliser ni de prêcher. Elle doit amuser avant tout. Le théâtre qui n'amuse pas n'a pas de raison d'être. Ce qu'on lui demandera c'est de ne pas démoraliser. Ce n'est donc pas le *Théâtre-Moral* qui est son vrai nom, ce serait plutôt *non immoral* qu'il faudrait dire. Ou plutôt encore, voulez-vous que je vous dise la véritable désignation qu'il devra prendre, s'il parvient à se fonder, comme je le lui souhaite : c'est le *Théâtre pour tous*.

Ne croyez pas qu'en concevant pour cette scène les écrivains courraient risque d'abaisser le niveau littéraire. Ils auraient à se priver de certains effets violents et des ressources que leur offrent les situations scabreuses ; mais ce qu'ils perdraient d'un côté, ils le regagneraient au centuple de l'autre. Tout ce que nous avons de meilleures œuvres dans ce temps, sans remonter aux siècles précédents, a été écrit dans les conditions du programme, si finement développé par M. Paul Féval. Enumérons : *le Voyage de M. Périchon, la Poudre aux yeux, l'Aventurière, le Marquis de Villemer, Mademoiselle de La Sèiglière, les Faux-Bonshommes, le Gendre de M. Poirier ;* autant d'œuvres saines et bonnes, dont les tendances honnêtes sont à la hauteur du mérite littéraire, et dont je souhaite le succès aux futurs auteurs du théâtre à créer. M. Féval a même adressé, dans une phrase charmante de transparente ambiguïté, une très-heureuse provocation à l'adresse d'un de nos premiers maîtres, celui dont les audaces sont le plus attaquées, et qui, chose étrange, a le plus de prétentions à la portée morale. Si celui-ci, a-t-il dit aux adhérents du projet en formation, voulait vous donner votre première pièce (et soyez sûrs qu'il le pourrait) s'il le voulait, vous débuteriez par un chef-d'œuvre. — Il serait vraiment curieux que Dumas prêtât l'oreille à cette proposition. Et qui sait ?

Faut-il en croire le spirituel orateur ? Il y a partout, dans les rangs des auteurs dramatiques, dans ceux même des directeurs et des comédiens, beaucoup plus d'adhérents à cette idée qu'on ne pourrait le croire d'abord. On se tait ; on attend que quelqu'un attache le grelot ; mais une fois l'idée *lancée*, tous les partisans, muets aujourd'hui, prendront la parole et se déclareront. Il n'y a à cela rien d'impossible. Mais, s'il en est ainsi, d'où vient le débordement des mauvaises mœurs ? D'où vient, de toutes parts, le développement des données hasardées ? d'où vient que, depuis quelque vingt ans ce flot coule à pleins bords et sans obstacles, montant toujours et gagnant peu à peu les scènes qui s'en étaient vues jusqu'alors le mieux préservées ? C'est le fait de quelques audacieux, grisés par le succès et qui ont imposé à une foule, plus honnête qu'eux, un genre d'œuvres qui a l'attrait des choses épicées, et, pour eux, l'avantage d'une littérature facile. On les blâme et on les laisse faire. « C'est, comme l'a fort bien dit M. Féval, l'histoire des majorités qui dorment, et des minorités qui crient. » Il y a bien du vrai là-dedans, et le spectre de l'immoralité au théâtre est peut-être encore un de ces fantômés contre lesquels il suffirait d'oser se lever pour les faire évanouir.

Oser! c'est là le grand point. Il faut oser; il faut savoir, d'abord, braver le rire des sots et des railleurs. Quelle grande force, n'est-ce pas, en toute chose, que de savoir se mettre au-dessus des rieurs! Malheureusement, c'est là, de tous les courages, celui qui manque le plus en France. Eh bien! ce courage, il faut s'en munir dans une telle entreprise, jusqu'à ce que les rieurs passent du bon côté. On n'épargnera pas ici les sarcasmes, on appellera les innovateurs des prud'hommes, leurs ouvrages des Berquinades. Berquinades, les chefs-d'œuvre du dix-neuvième siècle, dont je citais plus haut les principaux noms! Laissez dire, et attendez le public. Si le succès vous arrive, personne ne se souviendra plus d'avoir fait contre votre tentative la plus mince objection. Le succès ouvre tous les yeux et ferme toutes les bouches. Voilà donc le talisman qu'il faut se procurer avant tout. Il faut prouver le mouvement en marchant, et surtout ne pas faire comme Sganarelle qui, au début de sa démonstration, donne du pied contre une pierre et du nez eur le sol.

. . . .

Songez à tous les gens que le théâtre actuel effarouche, et si souvent à juste titre, à tous ceux qui s'en privent ou qui s'abstiennent d'y mener leurs femmes ou leurs filles. Ces gens-là, fussent-ils bien inférieurs en nombre à tous ceux qui font la fortune des auteurs, composent encore une légion respectable. Voilà un public tout prêt à remplir votre théâtre, et qui, depuis plusieurs années, en attend l'ouverture. Ouvrez-lui ce refuge : il s'y jettera sans peine. Et une fois la tentative consacrée par le succès, on verra une émulation curieuse de tous à l'imiter. Le conférencier l'a dit avec beaucoup d'esprit : « Réussissez, et la spéculation sera bientôt plus honnête que vous : elle est si bonne fille. »

JULES GUILLEMOT (*Journal de Paris*, 4 mai 1874).

3

Le théâtre moral, ce beau rêve, cherche à devenir enfin une réalité.

Quelques bons esprits en peine de l'avenir des mœurs, qui se sont retrouvées, après nos désastres, ce qu'elles étaient avant, c'est-à-dire déplorables, et tendant du mauvais au pire, ont pris à louable tâche de redresser un des chemins où elles s'égarent et se perdent le plus.

Ils se sont dit qu'une des plus dangereuses contagions venait du théâtre et de ses exemples, et que si l'on pouvait nous délivrer de cette première gangrène, peut-être aurait-on plus facilement raison des autres. Ils se sont ensuite mis à l'œuvre, ou du moins au projet de l'œuvre, et après lui avoir assuré de sérieuses bases, ils ont prié Paul Féval, un des écrivains dont on suit le plus avidement la plume et dont on écoute le mieux la parole, de venir nous expliquer ce qu'ils cherchent, ce qu'ils veulent, ce qu'ils espèrent.

D'un simple programme à développer, il a tiré une étude excellente, et, de prime saut, de haute lutte, il a gagné ainsi cette cause, qui, au rebours de tant d'autres, semblait douteuse à cause de sa moralité!

On s'est dit, en l'écoutant, que puisque la morale pouvait être si spirituellement défendue, elle n'est d'aucune façon incompatible avec l'esprit; et qu'après l'amusant et fin plaidoyer, pourraient tout aussi aisément venir, sous la même inspiration, de fines et amusante pièces.

C'est un des grands points : l'amusement! Paul Féval l'exige tout autant que l'honnête, dont il veut qu'il soit l'attrait et le vernis. Pas d'ennui! pas le moindre! Il le proscrit à outrance, sûr qu'il ramènerait à ce qu'il veut qu'on fuie.

. . . .

On s'étonne même que cet effort si simple d'un amusement à la portée de tous n'ait pas été plus souvent essayé; mais patience! que le théâtre moral, pour qui ce ne sera pas une velléité de hasard, une fantaisie de passage, mais un but exclusif, arrive aux résultats qu'il espère, vous verrez comme on

l'imitera, et quelle concurrence de vertu sera faite à son ver-
tueux succès !

« Si les actions de l'honnête se mettent à monter, comme
tout porte à le croire, nous a dit encore Féval, la spéculation
sera bientôt plus honnête que nous. Elle est si bonne personne! » Nous ajouterons : et si volontiers changeante!

Par bonheur, elle ne sera pour rien dans l'entreprise; pas
un des souffles malsains qui font tourner ses girouettes n'y
passera, et tout pourra s'y maintenir ainsi sur la base première, sur les principes qui auront présidé à la fondation, et
devront la cimenter.

L'œuvre ne peut être utile et forte qu'à cette condition de
continuité dans l'effort et de persévérance logique vers le but.
Les genres pourront varier, car tous seront admis; les pièces
pourront s'y diversifier à l'infini, mais toujours sous la loi
d'une inspiration maîtresse, qui les empêchera de dévier de
la ligne tracée; qui ne souffrira point, par exemple, dans un
spectacle mêlé, qu'une farce égrillarde succède à une comédie de bon ton et de bonnes mœurs, et qui ne permettra pas
davantage qu'après le succès d'une œuvre héroïque, comme
Jeanne d'Arc, survienne, sans dire gare, une parodie comme
Orphée.

En tuant l'unité des genres, la liberté des théâtres a tué
du même coup l'antique et naïve sécurité du spectateur
qui autrefois savait toujours, à peu de chose près, quand il
entrait dans un spectacle, ce qu'il allait y trouver : du drame
ici, de l'opéra comique là, etc. Aujourd'hui opéra-comique,
c'est-à-dire opérette, et drame sont partout parce qu'ils ne
sont nulle part, on les rencontre l'un et l'autre où on ne les
cherche pas ; et souvent l'un après l'autre, du jour au lendemain, sur les même planches.

Il surgit de là des confusions inextricables, où se perdent
les ignorances bourgeoises et s'affolent les candeurs de pro-
vince.

Rien de ce tohu-bohu tragico-opérette, rien de cette Babel

héroïco-parodiste ne pourra être à craindre dans le théâtre dont nous parlons, où par l'honnêteté sera revenu le bon sens avec la logique.

On y pourra entrer sans peur avec tous les siens, sa femme et ses filles. Le spectacle du jour n'y fera pas tache sur celui de la veille. Enfin, on sera sûr d'y pouvoir revenir sans crainte, lorsqu'une première fois on y sera entré.

. . . .

Maintenant, on voit quelles pièces il ne faudra pas faire, et l'on devine celles qu'il faudra. Où les prendra-t-on? c'est pour Paul Féval le point le moins difficile. Il s'en inquiète même si peu qu'il en parle à peine : la France, son histoire et son esprit sont là, inspirez-vous-en, travaillez.

Pour les pièces héroïques, cherchez dans nos annales, elles en sortiront d'elles-mêmes rayonnantes, tout armées ; pour les autres, laissez faire l'esprit français, qui sut amuser et instruire au théâtre, pendant deux siècles, sans une seule de ces immoralités qui sont une des misérables inventions du nôtre, et vous pouvez espérer encore de bonnes comédies.

Qui sait? L'originalité y reviendra peut-être avec cette inspiration nouvelle? Notre théâtre, pour redevenir fort, attend peut-être qu'il soit redevenu honnête !

EDOUARD FOURNIER (*La Patrie*, 4 mai 1874).

———

Essayez, si vous avez une fille, de la mener à l'un des innombrables spectacles qui s'ouvrent chaque soir à Paris, et qui sont, pour la plupart, non-seulement par les pièces, mais par les costumes et par les accessoires, de vraies écoles de démoralisation. Non, vous n'essaierez pas : on *n'essaie* point de ces choses-là. Il faut attendre des mois entiers et choisir entre mille si l'on veut avoir la certitude que le divertissement ne se changera pas en poison. Et encore !...

. . . .

Ce que je dis pour nos enfants, d'ailleurs, je pourrais le dire aussi pour nous-mêmes. Je pourrais le dire surtout pour le peuple, dont les théâtres et les cafés-concerts se partagent fraternellement la perversion, et dont on a mis, si je puis ainsi parler, la démoralisation en coupe réglée et l'empoisonnement au rabais. Les Brinvilliers de la littérature se font une concurrence acharnée, et les entrepreneurs d'immoralités amusantes ont ouvert leurs somptueuses boutiques à tous les coins de Paris.

J'ai vu, dans les faubourgs du Caire, les cafés des hébétés mâcheurs de hachisch, et j'ai lu, dans les récits des voyageurs en Orient, la description des bouges où les fumeurs d'opium vont acheter chaque jour une jouissance idiote et brutale au prix de leur intelligence et de leur santé. Ces bouges ne sont pas beaucoup plus effrayants que les trois quarts de nos théâtres, où une pièce honnête n'est jamais qu'un accident, contredit le lendemain avec une tranquille impudence; où les indiscrètes cascades d'*Orphée aux Enfers* s'étalent sur la scène chaude encore du bûcher de Jeanne d'Arc, et qui en sont venus à brouiller, à confondre si bien toutes les notions de la morale, à en déplacer si complètement l'optique, à la mêler si étroitement avec l'immoralité dans un salmigondis indéchiffrable, à hausser si délibérément chaque jour le diapason de leurs audaces, que, dans leurs accès de repentir intermittent, il font applaudir au public ahuri, mais demeuré avide, malgré tout, de beaux sentiments et d'élans généreux, et qui se rattrape à tout ce qu'il peut, des hommes et des choses d'une vertu tellement... *relative*, qu'elle l'épouvanterait dans la vie privée.

Un chrétien, un poète, un Breton, M. le comte Achille du Clésieux, l'auteur d'*Une voix dans la foule*, et de la colonie de Saint-Ilan, — un homme qui ne se contente pas d'écrire des œuvres et qui en a fait, — a vu ces choses; il s'en est ému et il a résolu d'y porter remède. Il a vu que le théâtre, entré dans nos mœurs, devenu une habitude, surtout pour le petit bourgeois et pour le peuple, est le plus puissant instrument de décadence ou de civilisation ; que des hommes sans principes, des industriels éhontés et même d'honnêtes gens aveugles, faibles ou entraînés, en ont fait un véritable danger social. Il a vu aussi que l'excès produisait sa réaction dans bien des esprits, que le public ne demanderait pas mieux que d'applaudir de belles et bonnes pièces, qu'il fait toujours un succès à ces œuvres-là quand, par hasard, on veut bien lui en offrir, enfin qu'il ne manque pas non plus d'auteurs excellents et même, quoique cela puisse d'abord paraître invraisemblable, d'excellents comédiens (j'en ai reconnu cinq ou six dans l'assistance) fort las de l'état de choses actuel et tout prêts à se rallier à qui leur fournira un point d'appui solide pour s'élever au-dessus du bourbier.

Il a vu tout cela et il s'est dit que, pour arriver au but, le seul moyen était de fonder un nouveau théâtre, bonne action qui pouvait devenir une bonne affaire. Oh ! ce n'est pas une mince entreprise, je le sais bien, et M. du Clésieux aussi, mais il est tenace, je vous en préviens (je vous ai dit qu'il était Breton), et il en a mené à terme qui n'étaient pas plus faciles que celle-là. Son ardeur et sa foi remueraient des montagnes. C'est une montagne à soulever aussi que l'indifférence et l'apathie des honnêtes gens. Je commence à croire que ce terrible homme en viendra à bout.

D'abord quand son idée transpira pour la première fois dans le public, ce fut un feu roulant de quolibets pour les trois ou quatre petits journaux qui font profession d'entretenir la gaieté française. Un théâtre moral, quelle bouffonnerie ! Vouloir qu'on n'empoisonne pas les gens en les divertissant, quelle rêverie baroque ! Préparer aux familles un endroit où elles puissent se rendre en toute sécurité, au peuple un amusement qui ne l'excite pas au mépris et à la haine de la société ; ouvrir un lieu d'asile aux idées justes, aux sentiments élevés, au rire honnête et, comme disait Horace, aux grâces décentes, quelle fantaisie grotesque et insensée ! La morale est si drôle !

l'honnêteté si ganache! la vertu si ridicule! Penser qu'il est possible de faire des pièces où l'on n'insulte pas à tout ce qui est honorable, à tout ce qui est pur, à tout ce qui est nécessaire, c'est à pouffer de rire! Avoir des enfants, — oh! oh! voilà qui est déjà d'un comique irrésistible; — mais tenir à ce qu'on ne salisse pas leur imagination et leur âme, sous le prétexte de les amuser, pour le coup c'est à se tordre, à se rouler sous sa chaise!

. . . .

Aujourd'hui, les journaux qui riaient sont devenus sérieux, et je trouve groupés autour de son nom, sur la liste du comité d'initiative, des députés, des banquiers, des hommes de lettres, un secrétaire général de la Banque de France, un auditeur à la Cour des comptes, un conseiller d'Etat, un administrateur du Crédit foncier : bref, un bouquet assorti : aristocratie, finances, administration et littérature.

Et avant-hier, devant le public choisi qui remplissait la salle de la Société d'horticulture, M. Léon Barbaut, membre du comité d'initiative, lisait un excellent rapport sur l'œuvre, et M. Paul Féval lui consacrait une conférence pleine d'esprit, de finesse et de grâce.

Ce que M. Paul Féval a parfaitement démontré, c'est la nécessité pour les gens du monde et les conservateurs de s'occuper du théâtre. Toutes les catastrophes ont leur origine dans les mœurs, et le lien du théâtre avec les mœurs d'une nation n'a pas besoin d'être démontré. Il y a aussi de fort honnêtes gens qui disent : « Je ne m'occupe pas de politique. » Je ne sais qui leur a spirituellement répondu : « Eh bien, si vous ne vous occupez pas de politique, la politique s'occupera de vous. » On pourrait répondre la même chose à ceux qui ne s'occupent point du théâtre. Ce n'est pas là une question qu'il soit loisible de laisser en dehors et d'abandonner aux académies : elle a son importance littéraire. La Société dont M. Féval s'est fait l'organe, ne prétend d'ailleurs fonder ni un théâtre-église, ni un théâtre-école, mais simplement un lieu de plaisir honnête, où puisse se réfugier le divertissement de la famille et où le peuple soit sûr de se distraire sans se corrompre.

Le programme est modeste, on le voit; il se renferme le plus strictement du monde dans les limites du possible; il prendrait volontiers pour devise l'humble parole du *Pater*, qui se borne à demander à Dieu, non pas qu'il nous élève à des vertus éclatantes, mais qu'il nous délivre du mal. M. Paul Féval a terminé sa charmante causerie par une comparaison ingénieuse et délicate entre le théâtre qu'il s'agit de fonder et les fontaines dont la générosité de sir Richard Wallace a doté les rues de Paris. Il s'agit de fonder un théâtre Wallace, si l'on peut ainsi dire, et, parmi tant de fontaines empoisonnées, de faire couler le filet d'eau limpide et pure où l'homme du peuple, où la femme, où le passant altéré puissent se rafraîchir.

Il est vrai qu'un théâtre coûte plus cher qu'une fontaine et que les millions de sir Richard Wallace ne courent point les rues. Mais le philanthrope anglais était seul pour deux cents fontaines, et rien n'empêche de se mettre deux cents et plus pour un seul théâtre. En outre, les fontaines ne font que de l'eau claire, et tout porte à croire que le théâtre nouveau fera autre chose. Il répond à un si pressant besoin, à un vœu si unanime de tous les honnêtes gens, qui ne sont pas aussi en minorité que le suffrage universel voudrait le donner à entendre, il aurait derrière lui un répertoire déjà si abondant, et devant lui un si riche programme à remplir, depuis la comédie de mœurs qui n'est pas forcément condamnée, comme certains auteurs en font courir le bruit, à être malpropre pour être profonde, jusqu'au drame historique et patriotique! Le jour où il sera prouvé que la vertu joint aux avantages qu'on ne lui conteste pas celui de rapporter autant d'argent que l'immoralité, tous les auteurs dramatiques sont capables de lutter à qui sera le premier debout pour aller voir lever l'aurore.

BERNARDILLE (*Le Français*, 1er mai 1874).

Sur quelques indications préalablement recueillies, notre dernière Revue dramatique a pu donner un aperçu sommaire d'une œuvre nouvelle, d'un théâtre nouveau à fonder et déjà en bonne voie de fondation. Disons-le tout de suite : la spéculation est étrangère à l'entreprise. Cependant il est essentiel que cette œuvre se réalise dans les meilleures conditions de succès et de durée, car elle doit avoir une influence salutaire, une influence directe sur les mœurs de notre temps. Pour le démontrer nous n'avons eu qu'à rappeler ce qui a été observé par les moralistes de diverses époques. Le résultat est donc acquis par avance. Il se produira sur les spectateurs du théâtre nouveau sans qu'on ait à leur demander le sacrifice de leurs distractions, de leurs plaisirs accoutumés. Au contraire. On veut leur offrir des spectacles intéressants et agréables qui les amuseront autant et mieux que la plupart des spectacles dont ils ont pris l'habitude. Il y aura seulement cette différence, en faveur du théâtre nouveau, que les personnes honnêtes, les femmes et les jeunes filles n'en seront point bannies. La liberté du théâtre existait pour tout le monde, hormis pour elles, ce qui n'était vraiment pas juste.

Le malheur des choses simplement bonnes, utiles et généreuses, c'est la définition, l'étiquette à leur donner, le nom sous lequel on est obligé de les désigner. L'œuvre qui nous occupe a été nettement et sagement conçue, elle est née viable, elle a pris corps, elle s'accomplit ; mais le titre primitif pouvait dérouter les participants, les coopérateurs auxquels on fait appel. Il exigeait des explications, ce qui est toujours un grand défaut pour un titre, un grand obstacle au développement d'une entreprise. Les hommes éminents que M. le comte du Clésieux, le promoteur de la fondation du théâtre nouveau, a groupés autour de lui et dont il a fait des apôtres convaincus et zélés, ont constitué une Société sur des bases établies avec toute la prévoyance nécessaire et qui présentent les plus solides garanties ; mais la désignation, la formule, le mot, pour qualifier l'entreprise, ne répondait pas exactement à l'idée, *Société pour l'amélioration du théâtre en France,* a-t-on écrit tout d'abord : cela disait trop ; *pour la moralisation du théâtre,* c'eût été encore prétendre à une influence générale qui ne peut se produire que dans un avenir éloigné.

Un résultat aussi étendu pourrait trop aisément être contesté, et le projet, mal compris d'après cet énoncé ambitieux, serait taxé d'utopie sans plus ample examen.

Or, il s'agit simplement aujourd'hui d'un effet déterminé, immédiat; non de l'amélioration ou de la moralisation des théâtres, mais de la fondation d'un théâtre nouveau, meilleur et plus moral que les autres. Et encore, pour réduire la réalisation de l'idée aux proportions les plus faciles à apprécier et à mettre en pratique, on s'attachera tout uniment à exclure le mal chez soi, dans ce théâtre qui, pour être honnête, n'en aura pas moins son public. Le vice, le mauvais goût, le scandale, les idées pernicieuses, le faux esprit, la fausse gaieté, s'épanouissent effrontément sur plusieurs scènes et se glissent sur les autres. Qu'il y en ait au moins une qui puisse amuser les gens sans les dépraver. Le programme, on le voit, est parfaitement défini, pratiquement réalisable.

Il nous plaît infiniment de penser que cette œuvre excellente aura toutes les chances de prospérité des meilleures spéculations. Les participants qui auront complété le million nécessaire n'y perdront rien, et nous ne voyons pas qu'il soit utile à la bonne morale qu'ils y perdent quelque chose. Le succès étant en ceci, mieux qu'en toute autre affaire, la démonstration concluante, nous le leur souhaitons aussi grand, aussi rapide, aussi complet que possible.

Le choix d'une salle n'est pas encore arrêté. Si l'on prend un théâtre en location, on préférera sans doute un théâtre accessible au plus grande nombre, c'est-à-dire pas trop isolé. Il serait aussi de bonne prévoyance et d'un attrait particulier pour le public que la salle ne fût pas trop vaste. Un spectacle à succès attirera-t-il une affluence considérable, on en sera quitte pour le donner plus longtemps. On aura ainsi le loisir de s'approvisionner de pièces bien faites et de les monter avec soin. En même temps on évitera, pour les moins heureuses, le déplorable effet d'un spectacle dans le désert, d'un grande mise en scène prodiguée en pure perte.

Le but et la nécessité de l'œuvre de M. du Clésieux ont été clairement exposés par M. Paul Féval dans une conférence dont on a reproduit les principaux passages ; mais il faudra la lire en entier pour bien goûter l'esprit, le bon sens et le tact de cette exquise improvisation. Encore manquera-t-il la physionomie du causeur, sa bonhomie souriante, les nuances si fines de son débit familier, sa manière de dire le mot et de lancer le trait, de décocher une pointe d'ironie sur les choses mauvaises et les nullités triomphantes, l'accent doux et pénétrant de sa voix discrète lorsqu'il associait son auditoire féminin au succès promis à l'entreprise dont il expliquait par avance les résultats essentiels.

. . . .

Nous l'avons dit, le théâtre nouveau admettra tous les genres. Il fermera seulement la porte aux excitations mauvaises, aux spectacles malsains et dégradants. Assurément ce n'est pas être exclusif plus qu'il ne faut. Les gens qui se respectent et veulent être respectés, dans la personne au moins de leur mère, de leur femme et de leur fille, seront encore pour le théâtre nouveau un public assez nombreux.

Mais les auteurs ne lui manqueront-ils pas ? va-t-on demander peut-être.

Les auteurs obtiendront là des succès plus honnêtes et plus durables aussi, dont ils seront intimement plus satisfaits, nous pouvons l'affirmer.

Paul Féval l'a dit aux promoteurs de l'œuvre : « Demandez aux hommes de vrai talent des œuvres qui rentrent dans les conditions de votre effort, il n'y aura pas d'offense ; la morale n'est pas une chose malpropre dont il faille craindre de parler aux gens. »

Ils répondront à cet appel, croyons-le fermement, les auteurs dramatiques dont le talent ne s'est pas encore perverti ou dénaturé dans le mépris du beau et du grand, dans le paradoxe et la grimace, ceux enfin qui ont encore le sens droit et l'idée haute, ou bien la gaieté saine dans la verve gauloise.

L. P. LAFORÊT (*La Liberté*, 4 mai 1874).

———

Tout récemment, nous révélions à nos lecteurs un effort spontané de régénération de notre démocratie par l'institution des cercles ouvriers.

Il faut aujourd'hui que nous descendions plus profondément encore vers la source du mal, pour signaler un effort vers le bien parti du sein même du théâtre.

. . . .

Ce n'est point une chimère.

Des députés, des banquiers, des hommes de lettres, des conseillers d'Etat se déclarent hardiment les promoteurs de l'entreprise.

Trouverait-on un public assez nombreux pour l'enrichir? Ceci dépend évidemment du nombre plus ou moins grand des pères de famille que nous entendons tous les jours réclamer un délassement honnête pour leurs enfants.

Il est certain que ce nombre est immense.

Même les pères dont les mœurs sont douteuses entendent faire de leur fille une honnête femme. Et chaque fois qu'ils la conduisent au spectacle, ils évitent soigneusement ce qu'ils rechercheraient peut-être pour eux-mêmes.

. . . .

Nous voyons constamment réussir de très-belles et très-honnêtes pièces. Leur seul tort est d'être dispersées dans un grand nombre de scènes où le bien et le mal se succèdent sur la même affiche, sans aucune transition.

Ainsi éparpillées sur un déluge de productions obscènes, ces grandes œuvres apparaissent comme des exceptions trop rares pour pouvoir suffire aux exigences du public.

Si l'on savait au contraire les prendre un peu partout et les grouper sur une seule scène pour y centraliser les efforts des plumes honnêtes, on serait étonné de tout ce que peuvent les hommes de bien, une fois associés.

HENRI DELPECH (*La France nouvelle*, 11-12 mai 1874).

A côté du théâtre, la quinzaine nous apporte un fait dramatique des plus intéressants : une conférence de M. Paul Féval sur l'état actuel de l'art et sur l'indispensabilité d'une prompte épuration.

Le reproche que l'on ne cesse d'adresser au théâtre actuel est celui-ci : sous prétexte de peindre exactement les mauvaises mœurs, il les flatte, il les poétise, il les excuse, il les fait aimer, et il se croit quitte en les punissant tout à la fin du cinquième acte. De plus, le théâtre actuel n'examine jamais les mauvaises mœurs que d'un seul côté : le côté de la corruption par la débauche sensuelle, de manière qu'il nourrit continuellement le spectateur d'une substance pernicieuse à laquelle il donne de l'attrait.

C'est simple et clair. Ou bien l'on nie, ou bien l'on approuve. Dans l'un et dans l'autre cas, chacun suit sa voie et tout est dit.

Quant à la question pratique, nous ne nierons pas qu'elle soit malaisée. La liberté de la presse est identique à la liberté des théâtres, et chacun des théâtres de Paris figure un très-mauvais journal. La liberté de la presse est accessible aux honnêtes gens, qui peuvent sans trop de peine fonder et publier un honnête journal. La liberté du théâtre leur est inaccessible, et ils ont dû jusqu'ici supporter en silence les méfaits de tous ces organes quotidiens de l'immoralité qui publient leurs corruptions de sept heures à minuit.

Soutenir que le théâtre actuel est suffisamment justifié par sa prétention d'être le photographe des mœurs, c'est dire une chose puérile.

Les nouveaux venus de l'art dramatique ne sont aucunement libres. La corruption réussit, et elle s'impose à eux d'une manière tacite. Faites une vilenie, cela peut plaire, puisque du moins, vous jouez dans le ton. Faites autre chose qu'une vilenie, la défiance s'éveille, la prévention apparaît et l'on vous renvoie poliment aux pensionnats de jeunes demoiselles.

Nous sommes donc convaincu qu'un théâtre (peu importe le nom) qui se fonderait en vue de procurer au public des loisirs intelligents et honnêtes réussirait très-bien, sinon très-vite, outre qu'il serait véritablement une œuvre patriotique, puisqu'il arracherait la jeunesse littéraire à la corruption obligatoire que lui impose l'état actuel de l'art et de l'industrie dramatiques.

On fonde si aisément un journal honnête, encore bien que ce soit une entreprise très-onéreuse et très-aléatoire, pourquoi ne fonderait-on pas un théâtre honnête? Serait-ce par crainte qu'il eût trop peu d'éclat et que sa popularité fût trop restreinte? La réponse arrive d'elle-même. Nombre de journaux, nombre d'écrivains de la presse quotidienne défendent la vérité avec zèle. Ils font en général peu de bruit. Ils vivent pourtant; leur œuvre a de la solidité; ils commandent l'estime à leurs pires ennemis.

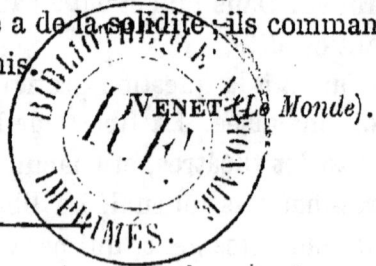

Venet (Le Monde).

TABLE DES MATIÈRES.

Paris. — Typ. A. PARENT, rue Monsieur-le-Prince, 29 et 31.

www.ingramcontent.com/pod-product-compliance
Lightning Source LLC
LaVergne TN
LVHW022209080426
835511LV00008B/1671